Présences de l'histoire

Peter Zumthor
Mari Lending

Présences de l'histoire

Traduit de l'anglais par
Yves Rosset en collaboration avec
Catherine Dumont d'Ayot

Avec une série de photographies
d'Hélène Binet

Scheidegger & Spiess

« J'avoue ne pas croire au temps.
J'aime à plier mon tapis magique, après usage, de manière à superposer les différentes parties d'un même dessin. Tant pis si les visiteurs trébuchent ! Et le moment où je jouis le plus de la négation du temps – dans un paysage choisi au hasard – c'est quand je me trouve au milieu de papillons rares et des plantes dont ils se nourrissent. Je suis en extase, et derrière cette extase, il y a quelque chose d'autre, qui est difficile à expliquer. C'est comme un vide momentané dans lequel s'engouffre tout ce que j'aime. Le sentiment de ne faire qu'un avec le soleil et la pierre. »

Vladimir Nabokov
Autres rivages,
éd. originale *Speak Memory* (1966)[1]

Préambule

Mari Lending

La modernité et la mine peuvent se résumer par différents termes : industrialisation, modernisation, exploitation, richesse et pauvreté, vie et mort, rupture locale et flux global, sous-développement et triomphe de l'industrie, nature comme source de matières premières à technologiser ou à esthétiser – une large palette, qui va du pittoresque au sublime technologique.

Au XIXe siècle, la mine était aussi un lieu associé à l'amour. La célèbre métaphore de Stendhal de l'amour comme « cristallisation » est née après qu'il était descendu dans les mines de sel de Hallein, près de Salzbourg. Il mentionne l'usage local – encore pratiqué aujourd'hui – qui consiste à jeter dans les profondeurs abandonnées de la mine un rameau d'arbre effeuillé par l'hiver. Deux ou trois mois plus tard, lorsque le rameau est ramené à la lumière, « les plus petites branches sont incrustées d'une infinité de petits cristaux mobiles et éblouissants ».

Ces rameaux de diamants ont inspiré à Stendhal sa théorie des phases de l'amour, qu'il a présentées dans son essai *De l'amour* paru en 1822 : (1) L'admiration ; (2) « On se dit : "Quel plaisir de lui donner des baisers ! d'en recevoir ! etc." » ; (3) L'espérance ; (4) L'amour est né ; (5) La première cristallisation commence ; (6) Le doute naît ; (7) Seconde cristallisation[2].

Le point essentiel est ici que l'amour modifie la réalité. La métamorphose est tout autant intervention que phénomène dans l'œil de l'observateur – elle perfectionne ce qui est naturellement et culturellement donné, le place dans un cadre, l'interprète et le réinvente. L'essai de Stendhal fut d'abord jugé obscur et la première édition n'eut qu'un petit nombre de lecteurs. Stendhal reprit plus tard le matériau dans une nouvelle romantique intitulée *Le rameau de Salzbourg*. Il y élabore sa théorie de la cristallisation sous la forme d'une charmante fiction qui fut plus tard ajoutée en annexe dans l'édition posthume de 1853. *De l'amour* allait bientôt devenir un classique.

La constellation du baiser et de la mine, de l'amour et de la chimie, de la mort soudaine et de la promesse d'éternité, semble être un topos de la littérature moderne. Dans *Retrouvailles inespérées,* le récit de Johann Peter Hebel paru en 1811, que Kafka considérait à ce que l'on dit comme l'histoire la plus merveilleuse du monde, ce n'est pas tant la triste histoire d'amour que l'époustouflant déplacement des couches temporelles qui laisse l'impression la plus mémorable[3]. Un matin, un jeune mineur embrasse sa fiancée avant d'aller au travail dans son habit noir de mineur (« Le mineur porte toujours sur lui son vêtement funéraire ») et rencontre le même jour le destin annoncé. Cinquante années après, que la fiancée a traversées dans un deuil silencieux, le corps de son bien-aimé est remonté du fond de la mine, parfaitement conservé par le vitriol de fer, inaltéré et aussi beau que le jour de sa mort. Les amants – la « Belle » au bois dormant masculine et la vieille femme – sont réunis, une rencontre qui introduit une temporalité décalée dans cette histoire d'un amour fidèle mais inaccompli. L'impressionnante représentation du passage du temps entre la mort soudaine du mineur et les retrouvailles des amants prend une part importante du (très) bref récit et mérite d'être citée ici dans son intégralité :

« Entretemps la ville de Lisbonne au Portugal fut détruite par un tremblement de terre, et il y eut la guerre de sept ans, et l'empereur François Ier mourut, et l'ordre des Jésuites fut aboli et la Pologne partagée, et l'impératrice Marie-Thérèse mourut, et Struensee fut exécuté, l'Amérique devint libre, et les puissances réunies de la France et de l'Espagne ne purent s'emparer de Gibraltar. Les Turcs enfermèrent le général Stein dans la grotte des Vétérans en

Hongrie et l'empereur Joseph mourut aussi. Le roi Gustave de Suède conquit la Finlande russe, et la révolution française et la longue guerre commencèrent, et l'empereur Léopold entra lui aussi dans sa tombe. Napoléon conquit la Prusse et les Anglais bombardèrent Copenhague, et les agriculteurs semaient et fauchaient[4]. »

Dans le récit de Hebel, cela nous mène en 1809, lorsque le corps est tiré de la boue et de l'eau vitriolée. On ne peut qu'imaginer comment Stendhal, lui-même un maître de l'ellipse littéraire et un observateur avisé d'événements politiques majeurs qui allaient changer le monde, aurait admiré – et peut-être l'a-t-il fait – cette liste d'événements appartenant à l'histoire universelle, insérée dans une histoire d'amour locale ayant pour décor les mines de Falun, en Suède.

La théorie complexe de la cristallisation de Stendhal, d'un côté, et le montage de temporalités décalées et d'un panorama hyperbolique de l'histoire universelle dans le récit de Hebel, de l'autre, nous viennent à l'esprit face aux interventions architecturales de Peter Zumthor sur le site des mines de zinc abandonnées d'Allmannajuvet, sur la côte occidentale de la Norvège, près de la ville de Sauda. Chez Stendhal, le processus chimique cristallise des minéraux dissous et transforme un objet trouvé[5] naturel en pure beauté. Les quatre structures placées le long de l'ancien chemin de la mine dans la spectaculaire topographie de la gorge évoquent de différentes façons le temps de la métamorphose de la nature en culture et l'importance accordée à l'expérience subjective des phénomènes esthétiques perçus par les sens. La représentation, chez Hebel, de temporalités décalées – la synchronisation d'une expérience personnelle, subjective et asynchrone avec un cadre factuel et chronologique – et le tissage d'une histoire locale dans la texture de l'histoire universelle, se reflètent dans les différentes manières par lesquels les nouveaux pavillons encadrent et évoquent l'histoire invisible du lieu. La façon dont Stendhal et Hebel, dans leur discours sur l'amour, interrogent l'histoire, le temps et les temporalités, invite à une comparaison avec l'approche contemporaine de Zumthor à Allmannajuvet, approche qui intègre aussi bien le paysage que les vestiges culturels et industriels du lieu.

Mari Lending Après avoir vu le projet pour le musée des mines de zinc d'Allmannajuvet en 2004, lorsque que tu l'as présenté pour la première fois à Sauda, puis sous sa forme achevée en 2016, je suis frappée par la façon dont les pavillons manifestent une sensibilité très spécifique à l'histoire et au temps, qui traverse par ailleurs toute ta production d'architecte.

Peter Zumthor Rétrospectivement, je réalise que mon travail et mon approche spécifique de l'architecture se sont développés sur une longue période depuis ma formation initiale sous l'influence des idées du mouvement moderniste et du Bauhaus, à la Kunstgewerbeschule de Bâle. À l'époque, projeter voulait dire innover, trouver des nouvelles solutions pour ce qui était le plus souvent des vieux problèmes, lutter contre l'histoire et même à la dépasser. Depuis, mon approche du projet et de l'histoire a beaucoup changé. Lorsque je regarde le monde autour de moi, je réalise que tout ce que je vois est histoire. Presque tout ce qui nous entoure est rempli d'histoire, dans nos paysages, nos villages et nos villes, jusqu'aux maisons et aux pièces où nous vivons ; nous devons seulement le voir. Tout a été fait par quelqu'un, par des gens que je ne connais pas, des gens que je n'ai jamais rencontrés et qui, pour la plupart, sont morts depuis longtemps. C'est un sentiment qui me

rassure de plus en plus et qui me donne le sentiment d'appartenir au monde.

Par mon travail, j'espère contribuer un peu à toutes ces choses qui sont déjà là, dans le monde. J'aimerais bien que mes bâtiments disent : « Je comprends quelque chose de mon environnement. » Je ne veux pas qu'ils donnent l'impression d'être des extraterrestres sans aucun rapport avec ce qui est déjà là. Ce n'est pas une question d'esthétique, du moins dans un premier temps ; il ne s'agit pas, au début, d'établir un contact formel avec les alentours. Il s'agit plutôt de chercher une manière de similitude sous la forme d'un contact émotionnel, une réaction émotionnelle à l'environnement, et de l'exprimer par l'architecture.

Johann Peter Hebel a aussi écrit un poème sur Bâle en dialecte local : *Z'Basel an mym Rhy* (À Bâle au bord de mon Rhin). Ce poème a été mis en musique et est devenu l'hymne de Bâle. C'était une chanson populaire lorsque j'étais jeune. Hebel fait ainsi partie de mes souvenirs de Bâle. Lorsque j'entends cette chanson, je sens immédiatement l'odeur qu'avait la ville le samedi matin avant l'ouverture des magasins. Je peux donc ainsi sortir le samedi matin dans une ville étrangère, me promener dans les rues et me sentir tout de suite à la maison. C'est un peu comme Nabokov et les papillons. Cela me donne un sentiment fort de lieu, de présence, d'appartenance. Ce sentiment d'histoire est différent de l'histoire factuelle conservée sur du papier et enseignée à l'université. Cette dernière est une sorte d'« histoire de l'histoire », un système intellectuel qui travaille d'un document à l'autre, d'un article à l'autre, et dix articles engendrent cent articles et ainsi de suite. Pour moi, cela a peu de rapport avec les choses réelles dont je fais l'expérience sur un site ou dans un paysage. En tant qu'architecte, je m'intéresse à l'histoire qui est conservée et accumulée dans les paysages, les lieux et les objets. Les choses que je peux voir et sentir dans le paysage sont physiques et réelles, peu importe si elles semblent d'abord muettes, cachées et mystérieuses.

ML Cette façon dont tu parles de l'histoire réelle et de l'histoire factuelle rappelle la distinction faite par Josef Albers entre les couleurs physiques mesurables et les couleurs subjectivement ressenties, entre ce qu'il appelle les faits factuels *(factual)* et actuels *(actual)*[6], si centrale dans son esthétique de la perception. Dans son ouvrage *L'interaction des couleurs,* paru en anglais en 1963, il définit le factuel comme « quelque chose qui demeure ce qu'il est, qui ne subit probablement pas de changement », alors que l'actuel « renvoie à l'instant, à ce qui est doué d'une qualité qui risque de se modifier avec le temps[7] ». Albers ne s'intéressait pas particulièrement à l'histoire. Ta façon de distinguer entre histoire actuelle et histoire factuelle me fait plutôt penser à ce qu'écrit Stendhal sur ses visites à Pompéi : « On se sent transporté dans l'antiquité ; et, pour peu qu'on ait l'habitude de ne croire que ce qui est prouvé, on en sait sur-le-champ plus qu'un savant. C'est un plaisir fort vif que de voir face à face cette antiquité sur laquelle on a lu tant de volumes[8]. » Or les lieux comme Pompéi, qui ont été détruits, restaurés, reconstruits, aménagés et réinventés à maintes reprises au cours de l'histoire, et également à l'époque moderne, font qu'il est difficile de croire à l'existence d'une quelconque immédiateté derrière le présent se modifiant sans cesse qui constitue *de facto* l'histoire des monuments historiques. Pour Stendhal, c'est le site historique en lui-même qui provoque un sentiment de voyage dans le temps, et le lieu qui transmet une autre manière de sentir l'histoire, bien plus profonde que l'histoire académique. On pourrait dire que l'histoire du lieu devient vivante par l'expérience qu'on en fait.

PZ Ce que tu dis sur Stendhal me fascine. J'aime regarder un lieu, le sentir, le comprendre, et ensuite, la forme que je cherche apparaît progressivement au cours d'un processus intuitif. Je veux créer des bâtiments qui disent quelque chose sur la temporalité de leur lieu et qui parlent aux gens.

Je dois donc trouver un moyen de donner la parole au souvenir. L'art en a le pouvoir : l'art de construire, ainsi que l'écriture, la peinture ou la musique. Quand j'écoute un morceau de musique ou marche dans une forêt de hêtres en été, quelque chose me touche, quelque chose que j'ai l'impression d'avoir déjà vécu. Et maintenant, lorsque j'en refais l'expérience dans le nouveau contexte d'un moment particulier, les anciennes sensations et les nouvelles sensations se mélangent et le cerveau essaie de comprendre. Je crois que dans de tels moments, je cherche une nouvelle intensité. Lorsqu'une œuvre d'art ou d'architecture fait parler la mémoire, pour reprendre la métaphore de Nabokov, elle est mêlée avec le monde ou avec ce que l'on sait, et peut-être qu'alors l'actuel et le factuel peuvent coïncider. Le souvenir est maintenant, quelque chose qui a lieu exactement en cet instant.

ML La mémoire et l'histoire ne sont pas la même chose, mais ils peuvent toutefois fusionner à un niveau personnel. Lorsque tu essaies de faire parler la mémoire au moyen de l'architecture, tu as affaire à des souvenirs et des histoires qui ne sont pas les tiens, et à des histoires que les personnes qui vivent dans les différents endroits du monde où tu construis ont peut-être oubliées.

PZ   Les paysages et les lieux conservent des souvenirs, ils gardent les traces d'une vie qui a disparu depuis longtemps. Ces traces me fascinent parce qu'elles sont réelles, uniques, toujours authentiques. Les paysages sont pour moi des documents historiques. Je peux essayer de lire et d'interpréter le lieu où je dois agir en tant qu'architecte. Lors de la conception d'un un projet, je peux essayer de créer une conscience, qui, à la façon d'une loupe, peut m'aider à regarder un lieu de plus près, à découvrir les restes d'activités humaines qui pourraient facilement ne pas être vus, mais qui sont manifestement là. À Sauda, j'étais fasciné par les marques laissées dans la gorge escarpée d'Allmannajuvet par un petit groupe de personnes, les traces de leur pénible labeur dans la mine de zinc exploitée entre 1883 et 1899. En regardant ces traces, j'ai commencé à éprouver du respect pour leur travail et la vie qu'elles ont dû vivre. Je voulais que les visiteurs en prennent conscience.

Je veux que mes bâtiments soient reliés à l'histoire du lieu. C'est important pour moi. Ce qui est resté longtemps muet se met à parler, des lueurs apparaissent, des émotions remontent à la surface et on commence à comprendre. C'est comme dans le récit de Hebel sur le mineur. Il y a la grande histoire, celle de l'industrie internationale, des marchés et de l'exploitation de la classe ouvrière, et il y a l'histoire locale qui s'est déroulée sur le lieu de mon intervention, et celle-ci, si je fais bien mon travail, peut à son tour parler du tout.

ML Dans tes textes et tes conférences, tu parles souvent de l'architecture en établissant des liens avec d'autres arts, en particulier la littérature et la musique. Ou peut-être est-ce une mauvaise manière de l'exprimer, puisqu'en fait tu parles de l'art en tant que tel, et pas seulement comme un moyen d'expliquer quelque chose sur l'architecture. L'architecte d'un de mes bâtiments préférés dit une chose avec laquelle tu devrais être d'accord, à savoir que le « meilleur architecte utilise toujours le moins de matériau ». En 1963, une constellation matérielle très surprenante réunissant béton brut de décoffrage et moulages en plâtre a vu le jour à l'Université de Yale, lorsque Paul Rudolph a fait installer sur les 37 niveaux et les 9 étages de son Art and Architecture Building 200 moulages de statues assyriennes, égyptiennes, hellénistiques, grecques, romaines et médiévales. Une collection impressionnante que Josef Albers avait personnellement fait retirer de l'ancien bâtiment de l'école à son arrivée à New Haven en 1950. Synonymes de l'enseignement des Beaux-arts, ces moulages étaient évidemment frappés d'anathème pour un enseignant du Bauhaus. Rudolph était tombé par hasard sur ce qui avait survécu à l'iconoclasme d'Albers et il avait réparti ces objets trouvés[9] à travers tout l'espace complexe de son nouveau bâtiment, créant des vues inattendues, des surprises sensorielles, des expériences physiques. Ces pièces sauvées sont des fragments qui renvoient tacitement à des contextes, des visions du monde et des systèmes de signification disparus – des objets qui fusionnent l'histoire avec le lieu, comme l'aurait peut-être exprimé Walter Benjamin. Rudolph a intégré de façon discrète et surprenante ces ruines fragiles et incroyablement intempestives dans la poésie de sa structure brutaliste. Le résultat est saisissant sur le plan émotionnel et profondément historique.

Rudolph a inlassablement répété que l'architecture est une affaire hautement émotionnelle – plus que les autres arts, peinture et musique comprises : « L'architecture traite bien sûr d'énormément de choses, y compris de maintes choses banales, mais le résultat final est très émotionnel[10]. » En réintroduisant ces vestiges sans abri et dévalués, il démontre que le souvenir est un événement actuel. Inutile de souligner la distance considérable qui sépare une structure en béton réalisée à New Haven dans les années 1960 et peuplée de reliques du XIXe siècle et les vestiges de l'exploitation minière sur lesquels tu as travaillé à Allmannajuvet. Certaines similarités existent cependant, notamment dans l'effet, dans la façon dont des vestiges abandonnés ou oubliés reçoivent une nouvelle signification lorsqu'ils sont placés dans des

contextes radicalement réinvestis, contextes que peut-être seule l'architecture est en mesure de créer.

PZ J'ai vu l'Art and Architecture Building de Paul Rudolph à Yale à la fin des années 1960, mais je ne me souviens pas particulièrement des plâtres qu'il avait intégrés dans l'école. Du fait de ma formation moderniste, j'étais probablement conditionné pour ne pas les voir. À mon âge aujourd'hui, je vois son bâtiment différemment et je trouve beaucoup de sens dans son approche. Je pense qu'il est important d'intégrer des traces du passé, de les tisser dans un nouveau bâtiment, d'en faire apparaître les strates ou de les absorber. Le palimpseste est une bonne métaphore pour décrire cette stratification architecturale sur un sol historique. Pour paraphraser le « Turn soft and lovely any time you have a chance » de Jenny Holzer, je dirais : associez le passé dès que vous en avez l'occasion. Cette démarche donne à mon bâtiment une plus grande profondeur. Je pourrais bien sûr concevoir une architecture qui simule la mémoire du passé par des allusions formelles et matérielles à l'histoire, mais je crois que rien n'égale la force de la substance historique elle-même.

Il y a évidemment de nombreuses façons de faire ressentir l'histoire et les strates historiques enfouies dans un lieu. À Berlin, j'ai travaillé durant dix ans sur un bâtiment qui devait marquer l'emplacement de l'ancien quartier général de la Gestapo, et durant tout ce temps, j'ai espéré que les historiens impliqués dans ce projet comprendraient que l'histoire d'un lieu est aussi conservée physiquement, dans les choses, les vestiges et même les décombres, et que cela nous aide à la comprendre au-delà des textes scientifiques et des explications didactiques. Peut-être pas au-delà, mais différemment ; c'est une compréhension plus émotionnelle qu'intellectuelle. C'est à ce moment que j'ai commencé à comprendre qu'à côté de l'apprentissage académique, il existe une forme d'apprentissage émotionnel. Je l'ai réalisé lorsque je me suis retrouvé face aux historiens et aux commissaires d'exposition du centre international de documentation « Topographie de la terreur », qui eux ne voulaient pas que le bâtiment parle au lieu. La topographie du site avait sa signification en elle-même ; il avait été un lieu de terreur, le lieu même à partir duquel les nazis avaient organisé leur terreur. Je crois que les responsables de la Fondation ne voulaient pas que le bâtiment éveille des émotions par sa façon de répondre au site et à son sujet. « Vous mettez l'histoire en scène », me disaient-ils. Mais en fait, ce que je voulais, c'était que le terrain parle de lui-même, et que l'interprétation historique et les instruments didactiques trouvent place dans les étages supérieurs du nouveau bâtiment. Mon but était de donner au visiteur l'occasion de faire d'abord l'expérience du lieu, de développer une conscience pour l'endroit où tout s'est passé, d'observer ce qui est arrivé au site historique depuis et de faire l'expérience par lui-même de ce qui s'y passe maintenant.

J'ai lu il y a quelque temps une interview avec l'écrivain suisse Thomas Hürlimann, dans laquelle il dit que notre mémoire personnelle vit d'images et non de faits. Ce que nous voyons évoque souvent des images présentes dans notre esprit, images qui sont associées à des souvenirs. Je pense que c'est ce que Stendhal a pu ressentir quand il a vu les ruines de Pompéi. Et cela fonctionne aussi dans l'autre sens. Les images de notre mémoire sont inévitablement liées à des sentiments et à des émotions. Les faits abstraits sont secondaires. C'est le point de départ de projets comme celui de l'abri pour vestiges romains à Coire, celui pour le Kolumba Kunstmuseum à Cologne et certainement des deux projets en Norvège : le mémorial de Steilneset à Vardø et le musée des mines de zinc à Sauda. Tous traitent de façon spécifique de l'histoire telle qu'elle est conservée dans les paysages, les lieux et les choses, et des souvenirs et des émotions qui leur sont associés. Rétrospectivement, je réalise d'ailleurs que les souvenirs et les émotions qu'évoquent en moi les lieux où je vais construire forment le point de départ de pratiquement tous mes projets – pas seulement de ceux qui se réfèrent explicitement à des monuments historiques.

ML Ton travail – les bâtiments aussi bien que les livres – a souvent été considéré et interprété sous un angle phénoménologique par la critique, pour des raisons évidentes. Tu as écrit à plusieurs reprises sur la mémoire, l'expérience et le lieu. Or l'importance de ces qualités, le fait de s'y référer, renvoie à des formes et à des idées de l'architecture qui existaient déjà dans la Rome antique voire avant encore, et qui, transmises par les traités de la Renaissance, se sont développées jusqu'à aujourd'hui. La conception selon laquelle l'histoire est conservée dans les paysages, les lieux et les choses, et ton intérêt pour les émotions et les souvenirs, rappellent beaucoup l'importance conférée au geste physique dans la tradition rhétorique classique – importance qui se manifeste également dans l'architecture –, mais aussi l'idée d'un sol commun, sur lequel on peut partager convictions et expériences. L'idée selon laquelle les gestes sont plus proches de l'émotion que les mots a trouvé une expression cruelle lorsque, après l'assassinat de Cicéron, ses mains, et non seulement sa tête, ont été exposées sur la tribune aux harangues du Forum romain. La croyance que la forme architecturale peut externaliser une pensée, que les bâtiments peuvent exprimer les sentiments et l'histoire et, surtout, que l'architecture peut donner l'apparence du vivant à une matière morte, éveiller des émotions, des souvenirs et des associations chez l'observateur, et même rendre l'absent présent ou l'invisible visible – tous ces aspects semblent jouer un rôle fondamental dans ta façon de voir et de pratiquer l'architecture.

L'histoire est vie de la mémoire, écrivait Cicéron dans *De oratore,* alors qu'Alberti et d'autres humanistes de la Renaissance attribuaient à l'art et à l'architecture la tâche de garder la mémoire de l'humanité vivante. Je trouve que ton œuvre – construite et écrite – évoque ces traditions de la philosophie, de l'esthétique et de l'architecture européennes, et que la classer dans un contexte phénoménologique est peut-être un peu myope.

PZ   D'une certaine façon, on peut dire que ma méthode est phénoménologique – avant la compréhension, il y a le regard et l'émerveillement – mais ce qui m'intéresse le plus est de ressentir la temporalité de mes lieux au travers du regard. Mais ensuite, puis-je vraiment, en tant qu'architecte, donner forme aux sentiments et à l'histoire ? Selon moi, on peut faire naître un sentiment pour l'histoire ou le temps passé, mais les sentiments n'ont pas de forme. Je suis tout à fait d'accord avec l'idée que l'architecture peut faire apparaître la matière morte vivante et susciter de l'émotion, mais rendre présent quelque chose d'absent est bien sûr une contradiction en soi.

ML Néanmoins, ce que tu as trouvé au début à Sauda était en fait juste un paysage, aussi muet ou aussi éloquent que ses environs. Allmannajuvet n'est pas vraiment le genre de paysage sublime qui a rendu la côte occidentale de la Norvège célèbre au XIXe siècle. Ici la beauté et le sublime ont leur prix, que l'on arrive depuis l'est, par la magnifique route médiévale à travers les montagnes, ou depuis l'ouest, en venant de la côte.

La mine et son exploitation ont disparu depuis longtemps. En intervenant architecturalement sur ce site particulier, qui n'est au fond qu'un virage parmi d'autres, où l'on pourrait passer sans lui accorder d'attention particulière, tu évoques quelque chose qui serait sinon incompréhensible, illisible, invisible, perdu, oublié. Tu utilises l'architecture comme moyen pour rendre de nouveau présente une réalité tombée dans l'oubli.

PZ Je crois qu'il s'agit plus de faire ressentir les choses qui sont absentes que de créer un sentiment de présence pour des choses perdues. J'essaie d'éveiller un sentiment pour des choses qui ne sont plus là ou pour le contexte entre-temps disparu de celles qui sont encore là. Autant à Sauda qu'à Cologne, au Kolumba Kunstmuseum – mais en fait dans la plupart de mes bâtiments –, on peut ressentir une certaine mélancolie. On nous remémore un

sentiment pour quelque chose qui est absent, mais qui nous est très familier. Quand on visite le musée Kolumba, on se trouve soudain dans une situation qui permet de voir qu'il y avait auparavant une église gothique édifiée elle-même sur une église romane et ensuite on découvre encore des vestiges romains. Regarder ces fouilles est très émouvant, on se demande à quoi tout cela a pu ressembler. J'aime l'idée qu'une nouvelle œuvre architecturale puisse être un geste qui suscite l'intérêt et le respect. Les gestes architecturaux peuvent dire plus que les mots, ou pour le moins quelque chose de différent. Les gestes physiques d'un bâtiment sont plus primaires, plus directement reliés aux capacités sensorielles de notre corps que les pensées ou les mots. Tu dis qu'Alberti voulait que l'art et l'architecture gardent la mémoire de l'humanité vivante. Cela touche d'une certaine manière à l'essence de l'architecture. C'est toujours seulement maintenant, dans l'instant présent, que l'architecture peut créer un sentiment pour l'histoire et pour ce qui est absent. Tout a lieu dans le présent. Ainsi, comme le dit Nabokov, il n'y a pas de raison de croire au temps.

ML Nabokov désirait ardemment une intemporalité extatique ou même ce qu'il appelle un vide momentané, un état hors du temps, une manière de présence éternelle du soleil, de la pierre et de ses papillons

adorés. Comment comprends-tu cette association d'intemporalité et de présence et comment pourrait-elle se traduire en architecture ?

PZ Nabokov montre clairement que chez lui la passion et la compassion liées aux souvenirs se réalisent toujours dans le présent et seulement dans le présent, et que ses moments les plus heureux sont très précisément dans l'ici et le maintenant, ce qu'exprime parfaitement la présence des papillons. Je l'ai déjà dit et je le répète encore une fois parce que c'est tellement important pour moi : je veux que mon architecture soit liée aux strates de la vie et du temps ; je veux comprendre pourquoi et comment un objet particulier peut engendrer un flux particulier d'émotions et de souvenirs. Et c'est précisément lorsque l'architecture se réfère au monde ici et maintenant qu'elle traite de l'histoire. Les lieux et les bâtiments sont réels, ils sont concrets, ils sont ici.

ML Étant historienne et non architecte, je suis un peu troublée par ta dichotomie entre histoire académique et histoire des bâtiments – ou ce qui est conservé dans les bâtiments, les paysages et les choses. Je trouve personnellement que le papier et même les archives poussiéreuses possèdent une certaine aura. Le plaisir que je trouve, dans les moments heureux, face à des piles de vieux documents est incroyablement réel, émotionnel ; c'est une autre source pour la figure du *Speak, Memory* qui se cristallise à partir du papier, du papier, et du papier... Mais l'un n'exclut pas forcément l'autre. Je n'ai par exemple jamais lu une description de la bataille de Waterloo plus réaliste et inoubliable dans son portrait de la stupidité et du chaos absurde de la guerre que celle de Stendhal dans *La Chartreuse de Parme,* description qui oscille de façon quasi emblématique entre l'actuel et le factuel. L'art, y compris l'architecture, peut bien sûr documenter, expliquer et représenter des moments du passé différemment de ce que tu appelles l'« histoire de l'histoire », mais le papier et l'historiographie sont aussi des sources de plaisir inépuisables lorsqu'on essaie de comprendre des fragments du passé.

PZ L'excitation avec laquelle tu parles du pouvoir émotionnel de ces archives me fait sourire. J'aime la façon dont tu en parles. Les expériences que j'ai faites avec des historiens et des historiens de l'art qui n'ont pas la moindre idée de la part que jouent les émotions dans notre compréhension de la culture m'ont bien sûr rendu partial. Comme je l'ai déjà mentionné, j'ai rencontré, à l'occasion de mon projet à Berlin, des historiens qui étaient irrités voire ennuyés par l'idée que l'architecture puisse aider à expliquer les domaines qu'ils étudient et sur lesquels ils écrivent et s'expriment. Ce fut une expérience désagréable, mais il va sans dire qu'il y a des grands penseurs et des grands savants qui m'ont profondément inspiré et que, si l'on voit les choses ainsi, cette dichotomie disparaît.

Lors de mes projets à Sauda et à Vardø, par exemple, j'ai pu collaborer avec d'excellents partenaires qui comprenaient mon approche de l'histoire. L'historienne Liv Helene Willumsen a écrit des courts textes biographiques sur les « sorcières » brûlées sur les bûchers à Steilneset, sur l'île de Vardø[11]. Ces textes sont factuels, mais la qualité de leur écriture et de leur composition leur donne une intensité qui suscite une compréhension émotionnelle très particulière, de l'empathie, de la compassion, à la façon d'une poésie concrète. Nous les avons retranscrits sur des lés de soie qui sont accrochés à l'intérieur du bâtiment. Quand je les ai lus pour la première fois, j'avais les larmes aux yeux. En lisant de quels actes absurdes les personnes étaient accusées au début puis comment, plus tard, elles avouent les avoir pratiqués, on peut imaginer sans autres explications ce qui s'est passé entre-temps.

J'encourage souvent les jeunes collaborateurs de mon atelier à être émotionnels, à faire confiance à leur intuition, à ne pas commencer à intellectualiser et expliquer trop tôt au cours du processus de projet.

En rationnalisant, ils risquent d'étouffer les intuitions qui pourront les guider. Il y a souvent une inflation de discours et d'arguments qui est plus gênante qu'utile lorsqu'on essaie de trouver la bonne architecture pour un programme et un site donnés. La réflexion est certes vitale, mais pour moi, penser est une ligne, alors que les émotions et les intuitions révèlent des espaces biographiques plus profonds. Lorsque je conçois, je cherche des réactions plus profondes, des intuitions qui ne sont pas encore saisies par les mots et n'ont pas encore pris forme. Pour moi, les émotions fondamentales liées à la conception d'un bâtiment et celles qui seront suscitées bien plus tard par l'expérience de l'ouvrage achevé sont au même niveau.

ML Tu parles de l'histoire et d'un sentiment de l'histoire, mais j'ai l'impression qu'en réalité tu parles du temps et de temporalités. De fait, tu me rappelles d'une certaine façon l'historien d'art George Kubler, qui, consterné par ce qu'il appelait l'« inélégance » du terme « culture matérielle », inventa dans son ouvrage *Formes du temps,* paru en anglais en 1962, une « histoire des choses ». Cette histoire des choses n'a rien à voir avec un développement chronologique et l'organisation des objets et des événements dans un sens conventionnel. Kubler la développe pour tenter de « réunir les idées et les objets sous la rubrique de formes visuelles ». Il la résume merveilleusement ainsi : « Le terme comprend les objets façonnés et les œuvres d'art, les répliques et les exemplaires uniques, les outils et les expressions, toutes les matières travaillées par la main de l'homme sous l'égide d'idées liées entre elles et développées dans une même séquence temporelle. De tout cela émerge une figure orientée dans le temps [...][12] ». Si on rajoute le paysage, je trouve qu'il s'agit là d'une description très proche d'un élément central à l'œuvre dans ton architecture. Considérer les choses comme partie du temps me semble se rapprocher de la façon dont tu conçois le rapport et la rencontre entre l'architecture et l'histoire – ou peut-être faut-il parler d'une coexistence de temporalités – dans certains paysages, objets ou bâtiments.

PZ J'ai récemment découvert Kubler grâce à toi. Ses réflexions sont une révélation. Sa formule des « formes du temps » est inspirante. J'aime l'idée que le temps a une forme et qu'il nous faut seulement apprendre à la voir. Avec cette image à l'esprit, je peux regarder profondément dans le temps et ressentir une connexion. Je peux voir les choses que Kubler a appelées des « objets premiers » – des solutions formelles récurrentes à des problèmes qui restent toujours les mêmes, la création d'artefacts. Cela me donne passagèrement le sentiment de pouvoir transcender l'histoire factuelle pour faire partie de l'ensemble plus vaste de l'existence humaine. J'ai d'abord conscience d'un axe temporel, une ligne, et je me trouve à l'extrémité de cette ligne, dans une position plutôt inconfortable. Mais ensuite, je vois tellement de choses, de choses du passé, et je suis une partie de tout cela, jusqu'au point où le sentiment linéaire du temps se dissout, tout est un, tout est présence, ce qui nous ramène à Nabokov.

Cela m'amène à me demander s'il existe en architecture des types de bâtiment qui sont semblables à l'objet premier dont parle Kubler. La confrontation à de telles questions dans le cadre de mon travail enflamme mon imagination. Oui, je veux répondre aux commandes avec des bâtiments ayant la force de typologies premières, car je crois en leur existence et en leur pouvoir d'évoquer d'anciennes traditions que nous ne connaissons plus vraiment.

La notion d'objet premier développée par Kubler a élargi mon registre de perception émotionnelle. Lorsque je regarde par exemple certaines des pièces magnifiques de la collection du Los Angeles County Museum of Art ou lis l'ouvrage de Neil MacGregor *A History of the World in 100 Objects*[13], je suis totalement persuadé que les émotions ont une forme. Plus qu'expliquer ses objets, MacGregor décrit pourquoi il les aime et je partage ses sentiments sur-le-champ. C'est curieux, car, avec mon éducation influencée par le mouvement moderniste,

je devrais être troublé par le fait que je réagis à un livre, à des mots, à des simples photographies plutôt qu'à des originaux. Il est fascinant et émouvant de réaliser comment MacGregor m'amène à voir les artefacts. Ils deviennent vivants, alors que je ne les ai même pas vus. Maintenant, j'ai envie de les voir.

ML   À Allmannajuvet, il n'y a certainement rien qui se rapproche d'un objet fort ou premier. L'histoire du lieu est maintenant représentée par les pavillons. L'ensemble des petites structures fait en quelque sorte revivre des fragments du passé au moyen de l'architecture. Cherches-tu à travers un concept, qui doit aussi servir de musée, à retrouver ou remettre en scène quelque chose d'irrémédiablement perdu ?

PZ   Oui, c'est ce que je fais. J'ai utilisé des fragments physiques du passé, qui sont quasiment oubliés et pourraient rester facilement inaperçus, pour créer un nouveau projet qui traite de l'histoire du lieu. J'ai commencé par regarder, par essayer de comprendre les modestes traces qui existent encore dans le paysage. Le tableau d'ensemble ne s'est dessiné que très lentement. J'ai découvert le sentier de la mine. J'ai vu par où l'eau était canalisée pour être amenée au lavoir. J'ai vu les endroits où les rochers et les falaises ont été taillés à l'intérieur de la gorge. Nous avons choisi ce sentier historique de la mine comme

axe principal de la visite. Maintenant, lorsqu'on le suit en passant d'un bâtiment à l'autre, on découvre progressivement le lieu. Le nouveau chemin au-dessus du sentier oublié agit comme un lien avec le passé sous la forme de mouvement et d'instants. Les nouveaux bâtiments sont disposés dans le paysage le long de l'ancien sentier de la mine comme les perles sur un collier. Ils marquent les traces rares et très modestes de l'ancienne mine, dont l'exploitation était directement liée à l'extrême pauvreté qui régnait alors. La luxueuse résidence du directeur existe encore à Sauda. Je suis heureux que, grâce à notre projet, le travail des mineurs et les mauvaises conditions de travail dans le rude climat de la gorge soient désormais aussi commémorés.

En ce qui concerne la forme architecturale, nous ne produisons en aucun cas des répliques. Les nouvelles structures sont différentes de celles qui faisaient partie de la mine. Ce sont des objets contemporains, qui utilisent des échafaudages de bois, un peu comme ce que nous avons utilisé à Vardø. Les constructions en bois sont conçues pour répondre exactement aux besoins structuraux des boîtes noires aménagées dans les cages en bois. Le bois de la structure n'est ni traité ni travaillé et gardé aussi simple que possible. Les volumes noirs ont une apparence industrielle. Leur ensemble crée une présence particulière dans le paysage de la gorge et parle de son histoire.

Et on peut voir une fois de plus l'effet saisissant que l'architecture peut avoir lorsqu'elle marque un lieu. On commence à percevoir différemment le paysage autour des bâtiments : les bâtiments introduisent une échelle, le paysage et la topographie commencent à parler, ils deviennent plus grands, et, en même temps, on commence, en tant qu'observateur, à regarder attentivement.

Depuis le début, il était aussi très important pour moi de relier les bâtiments du projet non seulement à l'histoire du lieu, mais aussi à la vie de Sauda aujourd'hui. Le café de la mine n'est donc pas seulement destiné aux touristes, il peut aussi accueillir des événements locaux. Les espaces sont chauffés pour pouvoir être utilisés aussi en hiver lorsqu'il n'y a pas de visiteur. L'intérieur du café est conçu de telle façon que le paysage spectaculaire de la gorge puisse déployer tout son effet. La vue est cadrée. Dès qu'on s'assied à l'une des tables, on découvre cet effet de panorama. La boîte noire accentue l'intensité des couleurs du paysage et on a en même temps, par un effet de miroir grossissant, l'impression d'être très proche, presque face à face avec les falaises et les arbres. On a alors presque l'impression de ne plus seulement regarder le lieu, mais de regarder à l'intérieur de celui-ci. Éventuellement même, on arrête de regarder à la façon d'un touriste pour commencer à vraiment voir.

ML Je sais que le récit de Hebel, *Retrouvailles inespérées,* l'un des nombreux contes sur le mineur de Falun, est l'un de tes préférés, ce qui n'est pas difficile à comprendre. Ici la grande narration et le temps linéaire sont comprimés dans une ellipse, ou plutôt dans une manière d'anti-ellipse elliptique, la marche épique de l'histoire mise entre parenthèses par des événements personnels cruellement séparés par un demi-siècle. Là, la liste des événements historiques chronologiquement ordonnée témoigne du passage du temps à grande échelle. Cet inventaire d'événements politiques de l'histoire universelle est juxtaposé de façon dramatique avec l'histoire vécue et le moment singulier, intime, capturé dans le baiser, un baiser qui anticipe la mort mais aussi le futur. Le baiser encapsule sa propre contemporanéité actuelle tout en constituant une nouvelle contemporanéité potentielle qui aura lieu un demi-siècle plus tard : deux moments contemporains qui ne sont pas soumis au temps linéaire. Le baiser a son temps propre ; il préserve le moment singulier, renvoie à des expériences qui se déploient dans des temporalités alternatives et concurrentes, au-delà de la seule chronologie.

Une personne qui meurt jeune reste jeune et le souvenir qu'on en a n'est pas altéré par le temps et le déclin. Or Hebel ajoute un niveau supplémentaire à ce processus du souvenir. Cette torsion de la temporalité a une origine concrète, matérielle, puisque le corps est protégé et embaumé par les minéraux. C'est la mine elle-même qui préserve intact le corps du jeune amant. La convention demanderait qu'une telle préservation de la beauté et une telle distorsion du temps soient expliquées philosophiquement ou décrites métaphoriquement. Or, ici, cela relève du factuel, du matériel, du physique. C'est un produit de la mine.

PZ L'histoire est d'une merveilleuse complexité dans sa façon d'agencer le passé et le présent. Il est important d'indiquer ici que Hebel, qui était pasteur, éditait les *Kalendergeschichten* (Histoires d'almanach), et que *Retrouvailles inespérées* est l'une d'elles. Ces almanachs étaient en quelque sorte les précurseurs des journaux modernes. Les gens qui vivaient à la campagne s'y abonnaient, à une époque où ils n'avaient guère de livres et peu de nouvelles du monde extérieur. Les histoires de Hebel étaient un tissage de nouvelles contemporaines et de brèves fictions, un grand projet du siècle des Lumières à une échelle locale. L'intention était didactique, mais le style avait, et a encore aujourd'hui, une beauté et une sérénité qui rendent les histoires profondément touchantes. Le récit du mineur et de sa fiancée possède tellement de niveaux. C'est manifestement une histoire d'amour. Mais ensuite, Hebel oblige tout à coup ses lecteurs à s'arrêter en introduisant une temporalité qui touche presque au miracle, même si elle est expliquée naturellement. Pendant un instant, le temps s'arrête, pour un moment, ma connaissance du passé est suspendue. Normalement, ce qui est passé est passé, mais ici, ce qui semblait irrémédiablement perdu revient avec une beauté presque douloureuse. En architecture, je ne suis pas en mesure de créer quelque chose d'aussi convaincant, mais j'aimerais m'en rapprocher. Ce que m'a appris le récit de Hebel sur le mineur et sa fiancée, c'est que je dois toucher une corde particulière pour faire parler le souvenir.

ML Tu as décrit Allmannajuvet comme un musée de plein air. Or c'est plutôt le contraire, du moins si l'on se réfère aux définitions conventionnelles de ces musées, en particulier en Scandinavie, où il existe une longue tradition de décontextualisation, de construction et d'exposition de l'architecture vernaculaire dans des vastes arrangements qui représentent la nation ou la région de façon topo-mimétique ou autrement. Tu as apparemment une autre conception de ce qu'est un musée de plein air.

PZ On pourrait dire qu'Allmannajuvet est un musée de plein air *in situ* qui travaille avec des vestiges authentiques. C'est une approche archéologique. Les petites traces, les sentiers de la mine, sont des faits concrets dans le paysage. Ce sont des lignes réelles,

actuelles. En tant que telles, elles forment déjà une espèce de musée de plein air et le travail de l'architecte est de sentir l'histoire du lieu et d'essayer de rendre les choses visibles de manière à ce que les gens puissent y apporter une réponse émotionnelle, par leur sensibilité, plutôt que d'apprendre « passivement » l'histoire du site. Les nouveaux bâtiments sont conçus de façon à faire partie d'un ensemble plus vaste ; ils sont placés près des restes des fondations des anciens bâtiments et installations de la mine. Le nouveau bâtiment du musée est, par exemple, accolé au rocher exactement à l'endroit où le minerai était jeté au fond de la vallée pour être nettoyé avant d'être amené par bateau en Angleterre. La route touristique est reliée à l'ancien chemin de la mine par un nouvel escalier en pierre naturelle taillée, construit par des maçons de la région. C'est un élément parfaitement contemporain, un travail artisanal superbe, qui souligne la topographie et rend plus conscient du déplacement physique du corps jusqu'à l'ancien sentier de la mine, d'un monde à l'autre.

Mais c'est aussi un musée dans un sens plus traditionnel. La galerie présente des objets trouvés dans la mine tels que des seaux, des cubes de dynamite et des outils. La présentation dans des petites vitrines en verre rappelle les musées du XIXe siècle – une manière de petit musée d'histoire locale *in situ*. Les objets sont illuminés par la lumière naturelle qui descend dans la boîte noire par d'étroits puits de lumière. C'est une lumière semblable à celle qui tombait autrefois sur ce modeste outillage utilisé pour exploiter la mine. Nous avons également commandé quatre livres. Un exemplaire unique de chacun d'eux peut être consulté sur le site. Ils restituent une image documentaire abstraite de l'exploitation minière, de son histoire et de la géologie. Kjartan Fløgstad, un écrivain norvégien originaire de Sauda, a établi, sous le titre *Sub Terra, Sub Sole,* une anthologie de textes tirés de la littérature universelle sur le thème du travail sous terre. Je me suis bien assuré que *Retrouvailles inespérées* de Hebel y figure. Il y a aussi un livre qui présente la manière dont le projet s'est développé au fil des ans et donne un aperçu de la végétation locale. Plutôt que d'être rationnel ou scientifique, l'ensemble du projet s'adresse d'abord à notre capacité d'apprendre par l'émotion. L'architecture évite les grands gestes et travaille avec la simplicité industrielle contemporaine. Tout comme le récit de Johann Peter Hebel remonte dans le passé et acquiert une présence puissante, j'essaie, par ce projet, d'éveiller une sensibilité spécifique. Je serais heureux si j'arrivais à faire revivre les émotions d'une époque disparue. Quelque chose a existé, mais n'est plus là.

    La question est donc de savoir de quoi nous parlons ici. De l'histoire ? Du passé ? Du temps ?

Ce n'est visiblement pas le passé, mais peut-être un sentiment du passé, un sens du temps. J'essaie d'ouvrir une fenêtre par laquelle nous pouvons voir des choses et des vies qui étaient là avant nous et découvrir des traces du passé. J'offre un nouveau cadre pour une expérience qui éveille une conscience émotionnelle de l'histoire du lieu. Et comme il ne reste ici pratiquement plus de traces historiques, un effort important a été nécessaire sur le plan architectural pour faire naître une conscience de la temporalité spécifique du lieu. Donc oui, on pourrait dire que cet effort a un aspect théâtral.

ML Tu mets en scène le paysage ?

PZ Oui, je le mets en scène et je l'orchestre. Le musée est une boîte sombre dans laquelle les visiteurs peuvent regarder les quelques artefacts restant de l'histoire de la mine. La lumière du jour entre dans l'espace obscur et tombe sur les rebords où sont disposés les objets. Elle vient d'en haut, sans que la source soit visible, et on ne peut pas voir dehors. Ensuite, à la fin de l'étroit espace, il y a une fenêtre en saillie spectaculaire qui donne sur l'extérieur. Le bref « parcours panoramique » dans la boîte noire commence avec la pâle lumière des artefacts et finit avec cette fenêtre d'observation spectaculaire. On se sent complètement exposé, dans une position

périlleuse au-dessus de la gorge, et on voit soudain cette réalité : les parois de la gorge, les falaises escarpées, les surfaces de rocher et le fond de la vallée où le minerai était jeté. Je veux éveiller des émotions suffisamment fortes pour arracher les visiteurs à leur mode de perception passif ; je veux les stimuler pour qu'ils parviennent à une compréhension plus approfondie du lieu. Oui, je dramatise et je sais bien combien est mince la ligne qui sépare le drame du mélodrame.

Ce travail avec le noir et l'obscur et la lumière qui les traverse me fait à nouveau penser à Nabokov, lorsqu'il écrit que « le sens commun nous apprend que notre existence n'est que la mince lumière d'une fente entre deux éternités de ténèbres ». Il nous dit que là où je suis, il y a de la lumière, et avant et après moi tout est obscurité. Peut-être que c'est comme cela que j'ai commencé – un peu de lumière ici et là, qui guide.

ML Les deux projets que tu as réalisés en Norvège sont très différents – pour le moins en ce qui concerne leur point de départ. Pour le mémorial pour les victimes des procès de sorcellerie à Vardø, le site n'offrait rien de concret à partir de quoi tu aurais pu partir ; à Sauda, tu as travaillé avec ces vestiges industriels presque invisibles. Tu n'as pas inventé à partir de rien, mais seulement à partir de ces traces infimes.

PZ Il est vrai que Sauda a un peu un caractère d'objet trouvé[14], tandis qu'à Vardø, il ne restait qu'un nom : Steilneset. Les procès de sorcellerie n'ont pas laissé de trace physique dans le paysage. Ce que j'ai pu en apprendre vient de documents, de faits historiques rapportés dans des livres, mais surtout de récits et de la mémoire locale. J'ai donc marqué le lieu où les victimes ont été brûlées sur le bûcher. Il s'agissait de commémorer un phénomène qui n'avait pas de forme physique permanente et qui n'en a peut-être jamais eue, et la forme que j'ai inventée est née en partie de ma collaboration avec Louise Bourgeois.

Je souhaiterais qu'à Vardø, on fasse des livres sur la physionomie et le caractère du lieu, sur les rochers, la végétation, les oiseaux. Il faudrait motiver les gens qui vont visiter le mémorial pour qu'ils regardent plus attentivement le lieu et commencent à apprendre. Pour comprendre progressivement la temporalité d'un lieu, il faut sentir son histoire et regarder attentivement la forme qu'il a aujourd'hui. Le nouveau bâtiment est formé par une seule ossature en bois extrêmement longue, parallèle au bord de la mer, et amène à découvrir le paysage d'une nouvelle manière – de sorte qu'on a envie de le comprendre et de le connaître davantage.

ML Quand je regarde tes projets, ceux qui ont été réalisés et ceux qui ne l'ont pas été, je les trouve tous différents et singuliers, et pourtant, ils partagent un certain « air de famille », qui comprend aussi bien des ressemblances que des différences. Il s'agit d'une qualité qui ne se laisse pas bien expliquer par des concepts usés comme la spécificité au site, le *genius loci* ou autres. Je crois qu'elle tient à la façon particulière dont tu relies tes bâtiments au sol. Cette attention portée au lien avec le sol se retrouve dans des projets allant de celui d'Allmannajuvet, dans un fjord norvégien, jusqu'à un immense musée inséré dans la complexité urbaine de Los Angeles.

PZ Mes bâtiments sont reliés au sol d'une manière qui n'est pas formelle. Je crois que cela relève de quelque chose de plus fondamental et de plus essentiel. Mircea Eliade parle de certains lieux personnels et sacrés qui nous offrent un refuge et nous lient à la terre[15]. J'aimerais que mes bâtiments aient ce même lien avec la terre, qu'ils deviennent un *lieu,* sacré ou profane, qui puisse devenir une partie d'un *chez soi* – pour moi, pour quelques-uns, pour beaucoup.

Dans mes projets norvégiens, j'avais affaire à des paysages forts, presque préhistoriques, qui présentaient peu de traces d'intervention humaine. À Los Angeles, la situation est exactement inverse. La physionomie actuelle du site destiné à accueillir le nouveau bâtiment qui abritera la collection du

Los Angeles County Museum of Art semble à première vue assez complexe ; elle n'a pas d'identité clairement définie. On y découvre différents types de bâtiments, dispersés ici, densément groupés là. Je devais donc d'abord comprendre les différentes strates d'urbanisation, en commençant par les espaces ouverts autour des célèbres La Bréa Tar Pits, un monument national constitué par des mares formées par l'asphalte remonté à la surface de la terre il y a des dizaines de milliers d'années, au premier Museum of History, Science and Art, remplacé en 1965 par le nouveau Los Angeles County Museum of Art, une composition de pavillons conçue par William Pereira, qui fait penser au Lincoln Center. La juxtaposition hétérogène de bâtiments développée au cours des ans forme un palimpseste urbain très particulier sur deux rectangles du réseau des rues de la ville et le musée actuel y occupe une surface centrale importante.

ML Dans ce palimpseste urbain, les étangs de bitume préhistoriques témoignent de ce qu'on pourrait appeler le temps géologique ou le temps du paysage. À cet égard, l'histoire naturelle du site semble jouer un rôle important dans la façon dont tu fais reposer sur le sol cette énorme structure, même si, en l'occurrence, ce lien signifie en partie faire « flotter » le bâtiment au-dessus de celui-ci.

PZ Tout d'abord, certains aspects du site étaient inconciliables avec mes idées de rétablir quelque chose de l'esprit original du lieu et de créer un important bâtiment public (classification que le musée mérite certainement) qui entre en dialogue avec la ville. Dans les années 1980, le bâtiment original de William Pereira a été enseveli sous une extension post-moderne du musée, qui l'a en réalité pratiquement détruit, et ce que nous voyons aujourd'hui est un conglomérat incompréhensible et assez chaotique de corps de bâtiment, qui sont concentrés sur un angle du site. La démolition de ce bâtiment et de son extension sera une libération que j'attends avec impatience. Le terrain autour des étangs de bitume sera à nouveau libre, ce que mon nouveau musée respectera.

À la suite d'un concours d'architecture organisé en 2004, une voie de circulation parallèle au Wilshire Boulevard avait été prévue à l'intérieur de la parcelle pour servir en quelque sorte d'épine dorsale au musée. Si j'avais tenu compte de cette proposition pour mon nouveau bâtiment, l'ensemble du musée aurait été orienté vers l'intérieur du bloc urbain et tourné le dos à la ville. Durant la première phase du projet, nous avons développé un bâtiment solitaire, placé sur la partie libre du site, près de l'étang de bitume. Il avait une forme organique, avec des pétales qui avançaient et se retiraient par réaction

à l'existant. Comme une plante, il n'avait ni face ni dos. La coupe montrait deux dalles horizontales suspendues au-dessus du terrain, une pour le sol du musée et une pour la toiture, portées par une série de poteaux compacts. Nous l'avons appelé la « fleur noire ». Notre rêve était que le terrain libéré autour du bâtiment devienne une version moderne d'un jardin du désert, combinant prairie, chaparral et d'autres plantes adaptées au climat local.

Dans le projet actuel, le bâtiment s'est libéré des limites de la parcelle. Il n'entretient plus un rapport géométrique classique avec l'environnement urbain. Conçu pour être un signe marquant, il enjambe le Wilshire Boulevard et se pose de l'autre côté de la rue. La forme organique a gagné en tension linéaire et a maintenant suffisamment de force pour traverser le large boulevard. Comme la « fleur noire » initiale, le bâtiment reste composé de deux dalles horizontales flottant au-dessus du sol et continue à doublement s'ouvrir au regard sur tout son pourtour, tant de l'intérieur que de l'extérieur. Son horizontalité répond à l'horizontalité de Los Angeles et met aussi en évidence les collines de Santa Monica qui s'élèvent au nord. Le nouveau projet peut être lu comme un grand signe inscrit sur le plan des rues de Los Angeles. Comme il s'agit d'un grand objet dans la ville, je veux que le bâtiment devienne clairement un archétype. Ses matériaux, sa construction et sa forme doivent avoir quelque chose d'élémentaire. Et l'idée d'un jardin du désert où résonnerait la temporalité plus ancienne du site existe toujours.

ML Ta comparaison du projet initial du LACMA avec une fleur noire me fait de nouveau penser à Nabokov, qui parle des « îles flottantes de nénuphars », et à Marcel Proust, qui – dans ce que nous pourrions interpréter comme une révérence anachronique et visionnaire à Nabokov – compare les nénuphars aux papillons : sur la rivière Vivonne, les nymphéas « étaient venu[e]s poser comme des papillons leurs ailes bleuâtres et glacées, sur l'obliquité transparente de ce parterre d'eau[16] ». Je suis frappée par le fait que la description proustienne des nénuphars possède aussi des implications urbaines. Dans la vision proustienne de l'eau, le « parterre d'eau » devient « céleste » :

« Il [le parterre céleste] donnait aux fleurs un sol d'une couleur plus précieuse, plus émouvante que la couleur des fleurs elles-mêmes ; et, soit que pendant l'après-midi il fît étinceler sous les nymphéas le kaléidoscope d'une bonheur attentif, silencieux et mobile, ou qu'il s'emplît vers le soir, comme quelque port lointain, du rose et de la rêverie du couchant, changeant sans cesse pour rester toujours en accord, autour des corolles de teintes plus fixes, avec ce qu'il y a de plus profond, de plus fugitif, de plus mystérieux – avec ce qu'il y a d'infini – dans l'heure, il semblait les avoir fait fleurir en plein ciel[17]. »

Ces images de Proust me sont revenues à l'esprit en voyant la maquette au 1:10ᵉ d'une coupe du LACMA à la Biennale de Venise en 2016. Entourée par les vêtements colorés de Christina Kim suspendus dans des housses protectrices, la maquette du musée mettait en évidence concrètement et métaphoriquement la collection et les dépôts et montrait comment le bâtiment reflétera son environnement dans son entier, fait à la fois de ville et de ciel. Tu as une grande expérience dans la conception d'espaces destinés à abriter des œuvres d'art et des objets historiques, mais à une échelle plus petite et centrés sur des objets particuliers. Qu'est-ce que cela signifie de devoir maintenant t'occuper d'une collection d'une telle taille et diversité ?

PZ Le nouveau bâtiment pour la collection du LACMA doit avoir une qualité spéciale, car il ne doit pas seulement parler de la temporalité de son site, mais aussi de la temporalité des nombreux artefacts qu'il abritera. En ce qui concerne ces objets, j'ai commencé par dire que la seule chose que l'on peut faire aujourd'hui, c'est de regarder les objets *maintenant*. On ne peut pas regarder ce qu'ils étaient dans un passé lointain, à leur époque. Il faut donc renoncer aux anciennes conceptions muséographiques et à leurs ambitions encyclopédiques. Avec tant d'objets d'époques et de cultures différentes, la collection du LACMA peut nous permettre une exploration approfondie de notre rapport à l'histoire et au temps. Plutôt que de montrer les artefacts comme les illustrations d'un développement historique présumé, je veux les traiter comme des objets de culture, des objets d'art autonomes dont nous pouvons tous faire l'expérience. On sait comment les musées encyclopédiques sont organisés, avec leurs axes temporels et leurs successions d'espaces et de salles périodiques, du passé au présent, de l'Orient à l'Occident, etc. Cette organisation fait écho aux idées des Lumières sur les façons de catégoriser, ordonner et considérer le monde pour essayer de le comprendre dans sa globalité. Aujourd'hui, nous voyons les choses autrement. Je pense que cataloguer le monde est une bonne chose, mais cela ne suffit pas.

Je crois qu'il est aujourd'hui important de permettre une rencontre directe et libérée de tout préjugé avec les œuvres d'art. En tant qu'architecte, je dois créer à cet effet une structure adéquate, des espaces où les artefacts aiment être, où ils commencent à nous parler, où nous devenons sensibles, réceptifs, ouverts à leur magie. L'art contemporain créé spécifiquement pour les musées ne représente qu'une petite partie de la collection que je dois présenter. La plupart des espaces contiendront des artefacts qui ont perdu leur contexte d'origine et que je nomme pour cette raison des « objets sans patrie ». Le bâtiment que je conçois pour eux a une structure spatiale ouverte. Le vaste espace d'exposition, éclairé latéralement, s'ouvre sur le paysage et se développe en méandres autour de volumes fermés. On trouve son propre chemin dans la succession des espaces dans une scénographie d'exposition sobre et soignée. Les principes qui génèrent la circulation font partie du processus de séduction. C'est d'abord une question de liberté. Et tandis que les visiteurs flânent, découvrent et trouvent leur propre parcours, le bâtiment, ouvert de tous les côtés, les met constamment en contact avec le présent de la ville et leur permet de s'orienter. Cette relation entre flux du mouvement et orientation correspond à la manière dont l'on devrait, aujourd'hui, faire l'expérience de l'art, en particulier de l'art ancien, à savoir dans le contexte de la vie contemporaine, et ce aussi bien concrètement que mentalement.

ML Cette idée de séduction et de libre flânerie destinée à jouir de la beauté et des savoirs rappelle l'esprit du *mouseion* antique, dont le nom vient de celui des filles de Mnémosyne. On trouve encore des traces de cet état d'esprit dans les vestiges du

mouseion d'Alexandrie ; on imagine aisément les muses se promenant dans les jardins délicieux. La bibliothèque et ses environs aménagés en parc reflétaient des paysages célestes et étaient aussi le lieu qui abritait les connaissances et les arts. Dans ce lieu en partie légendaire et en partie historique, l'idée de tout collectionner dans un espace, dans un lieu, dans une ville, dans un centre du monde, se laisse encore aujourd'hui saisir dans toute sa grandeur.

Même si le LACMA est une institution plus récente, il s'inscrit dans le mouvement des musées publics du XIXe siècle qui étaient entièrement dédiés à collectionner et ordonner le monde. Or il me semble que tu cherches à trouver des solutions pour promouvoir le singulier au milieu de l'abondance au moyen d'un projet de musée qui met très fortement l'accent sur la scénographie et le concept d'exposition.

PZ   Avec ses zones ouvertes se succédant en méandres et ses espaces clos, le plan crée une atmosphère formée d'espaces extravertis entourant des noyaux introvertis, qui forment un monde concret doué d'une autonomie interne, comme la *cella* d'un temple grec. Ces cellules intérieures pourront abriter des objets particuliers, peut-être des objets premiers au sens de Kubler.

Je peux ainsi profiter du contact avec la vie de Los Angeles – le paysage, l'horizon vaste – et, si je le souhaite, je peux me retirer dans le silence plus contemplatif des cellules intérieures. C'est assez semblable à la façon dont Mircea Eliade conçoit le profane et le sacré ; le plan du musée vit de la tension entre le flux libre du profane et le positionnement calme des espaces fermés.

Mais ce qui me plaît le plus, c'est de créer un musée pour des artefacts, des œuvres d'art, dans lequel on peut faire l'expérience de la lumière du soleil le matin et le soir, en hiver et en été, au nord et au sud, au levant et au couchant. Je crée un contact avec la nature cyclique du temps, j'ai le sentiment de m'inscrire dans un rythme plus vaste et cela a une influence positive sur les visiteurs qui regardent les œuvres et essaient de ressentir leur temporalité.

Si je considère mon projet avec les yeux d'un conservateur ou d'un commissaire d'exposition, je vois comment on peut utiliser le changement constant de l'espace, les flux ouverts et les séquences d'espaces clos, les possibilités de créer des esembles, des voisinages, des contrapositions, etc. Mais surtout, je crois que la présence matérielle de l'architecture peut aider les artefacts à irradier leur beauté immanente ou à exprimer une présence forte, qui parle d'un temps passé depuis longtemps. Je crois fermement que lorsque l'espace qui entoure un objet est juste – comme l'écrin d'un superbe bijou –, l'objet commence à prendre possession de cet espace

et à développer une présence particulière.
C'est seulement à ce moment-là que l'on peut sentir
son aura et commencer à le voir en tant qu'œuvre
d'art, même s'il ne s'agit que d'un objet fonctionnel ou
d'un document historique comme une tasse, un
tapis ou un masque rituel. Les catégories scientifiques
et académiques constituent certainement des strates
de connaissance fructueuses, mais nous devrions
commencer par un contact direct, émotionnel, avec
les objets. Plutôt que de laisser les artefacts seuls
dans l'environnement abstrait d'une boîte noire
ou d'un white cube, mon idée est de provoquer des
réactions presque physiques entre les deux corps –
celui de l'architecture et celui de l'œuvre. C'est
la raison pour laquelle la présence du bâtiment est si
primordiale à mes yeux. Elle provoque une expérience
émotionnelle, un apprentissage émotionnel.

ML Aussi peu comparables soient-ils du fait de leurs
différences, les projets de Sauda et de Los Angeles
présentent un lien avec un caractère sacré non
religieux, qui semble avoir beaucoup à faire avec
la lumière.

PZ Bien sûr – l'espace, le matériau, la lumière : c'est
l'architecture, c'est une définition classique. Lorsque
je projette, je trouve plus facile de penser à un espace
comme obscurité, comme noir profond, et ensuite de

laisser la lumière y pénétrer. La lumière vient toucher les matériaux et les met en valeur. La rencontre de la lumière avec les surfaces, c'est magique. La forme et la composition sont beaucoup plus flexibles ; je les modifie en permanence pour accorder la sonorité des matériaux : la chimie des matériaux réels et la juste quantité d'ombre et de lumière.

À Allmannajuvet, il y a cette communication entre le profane – la route, le parking, l'aire de repos – et ce qui est plus « sacré » et enclos. Les pavillons invitent les visiteurs à suivre l'ancien sentier de la mine et la première chose qu'ils voient, c'est le café. Donc, si l'on veut, le premier pas est profane, c'est l'invitation faite aux visiteurs à prendre une tasse de café ou une soupe. De là, on voit le bâtiment suivant qui s'accroche à la falaise en travers de la pente – c'est le musée de la mine. Et tout au bout, un demi-kilomètre plus loin, sur le chemin, il y a finalement la mine elle-même, avec l'entrée de la galerie, très basse, qui forme un trou terriblement minuscule dans la montagne.

ML Pourtant, ni les mines ni les musées ne sont des endroits sacrés, même si le XIXe siècle vantait fièrement les musées comme des temples de l'art et si encore aujourd'hui les expositions contemporaines à succès recourent volontiers à cette métaphore. Quelle que soit la façon dont on les considère, les musées sont les dépositaires de l'art et sont soumis à des idéaux changeants. Les mines, quant à elles, étaient et sont encore des lieux profanes, pour ne pas dire dangereux, voire meurtriers.

PZ En reprenant la réflexion d'Eliade, les espaces sacrés sont – pour une personne ou un groupe de personnes – des lieux chargés d'une valeur ou d'un sens spirituel. Ils marquent le lieu d'une appartenance, d'un foyer dans le vaste espace qui nous entoure. Ce peut être un lieu qui a été important pendant notre enfance ou l'abri d'un premier amour. Et il n'est pas nécessaire d'être religieux pour sentir qu'un lieu est chargé d'une signification émotionnelle particulière. Auparavant, je disais volontiers que je cherchais un moyen de créer une atmosphère adéquate. Mais aujourd'hui, lorsque je parle de la temporalité de mes lieux, j'essaie de réaliser ce que j'appellerais une « reconstruction émotionnelle ». J'entends par là les qualités formelles et matérielles que mes bâtiments devraient avoir pour parler de la temporalité de leur lieu, et ceci n'a bien sûr rien à voir avec la reconstruction scientifique au sens habituel.

ML C'est rafraîchissant d'entendre que tu reconsidères cette idée d'atmosphère. Comme je te l'ai déjà dit – et écrit –, j'hésite aujourd'hui à lire tes textes sur l'atmosphère avec des étudiants de premier cycle, car cela a tendance à les rendre vagues, non critiques et lyriques. Et puis, il y a aussi bien sûr toute cette industrie de réflexions autour de l'« atmosphère » dans la théorie de l'architecture contemporaine. Je réalise que si je ne suis pas particulièrement attirée par l'association « atmosphère et architecture », c'est précisément en raison de son manque de souffle historique. C'est simplement trop gentil, trop privé. Il vaut peut-être mieux se référer à la figure de la parole de la mémoire, du *Speak, Memory* de Nabokov, qui n'a pas encore été exploitée dans le discours sur l'architecture. À mon avis, la reconstruction émotionnelle promet d'être un concept plus opératif pour essayer de comprendre le rapport de l'architecture à l'histoire et au temps.

PZ Le rapport entre le lieu, le bâtiment et la fonction du point de vue de ses utilisateurs relève d'une psychologie complexe. Du fait de notre appartenance au monde et lorsque nous utilisons un bâtiment, nous sommes toujours sujets à d'innombrables émotions, images et souvenirs. C'est ce que j'aimerais comprendre et orchestrer dans mes projets. Mes bâtiments doivent transmettre un sentiment de profondeur.

Nous, les architectes, parlons souvent d'intervention, lorsque nous plaçons un nouveau bâtiment sur un site. Pour ma part, je ne suis pas certain de vraiment aimer ce terme, car il a quelque chose d'une action venue d'en haut. Lorsque je parle de reconstruction émotionnelle, j'entends par là permettre et stimuler des sentiments d'empathie voire de compassion, mais aussi une curiosité ludique qui pousse à faire l'expérience d'un lieu.

Les volumes noirs et les espaces intérieurs que j'ai conçus pour le projet de Sauda sont une tentative de créer un environnement émotionnel qui témoigne de la vulnérabilité de ceux qui ont travaillé dans la mine. Au Kolumba Kunstmuseum à Cologne et dans l'abri pour vestiges romains à Coire, j'ai recréé littéralement des espaces rappelant des volumes disparus. L'imagination est stimulée, le souvenir peut parler.

ML Il est évident que nous n'avons pas besoin de lire Proust pour comprendre que les souvenirs sont une contemporanéité fluctuante. Nabokov le savait bien, lui aussi. Il parle même de la façon dont ses souvenirs ne sont plus complètement les siens, car il a placé toutes sortes d'objets quotidiens de son passé – miroir, meuble, lustre – dans sa fiction, « dans la maison de rapport d'un chapitre » ou « dans la chambre en location d'un paragraphe », comme il l'écrit dans des termes qui montrent une affinité frappante avec l'architecture. Il a le sentiment que peu de choses lui restent et qu'il en a « dilapidé beaucoup ». Ce qu'il suggère, c'est donc que les objets et les souvenirs ne peuvent être utilisés qu'une fois et que lorsqu'il a écrit sur eux, ils sont perdus pour son art. Il admet même envier le romancier « qui parvient à conserver une lettre d'amour réelle, reçue dans sa jeunesse, à l'intérieur d'un ouvrage d'imagination, enfouie là-dedans [...] parmi des vies d'emprunt ». La reconstruction émotionnelle est-elle une invocation ? Est-ce toi, en tant qu'architecte, qui invoque quelque chose, ou est-ce déjà là – accessible et partagé, ici et maintenant ?

PZ Ce qui est essentiel dans la notion de reconstruction émotionnelle telle que je l'utilise, c'est qu'il s'agit d'une expérience partagée. Je peux utiliser des matériaux, de la lumière, de l'ombre et des sons pour composer une œuvre d'architecture et lui donner une présence que la plupart des gens pourront associer avec quelque chose de leur propre paysage émotionnel. Nous venons tous de quelque part, nous sommes tous remplis d'images hautement personnelles qui nous sont chères, nous sommes remplis d'histoire. J'aime travailler avec cela. Lorsque j'ai lu pour la première fois le livre éclairant d'Alberto Rossi *Autobiografia scientifica* (Autobiographie scientifique) dans les années 1980, j'ai compris que si je voulais être authentique, je ne pouvais travailler qu'avec mes propres images. Qu'est-ce que je veux exprimer quand je parle d'un sentiment de l'histoire, d'un sentiment du temps, et quel langage architectural est-ce que je vais utiliser pour l'exprimer ? Il n'y pas de réponse générale à cette question. Faut-il sentir le lieu ? Lire sur sa géologie, sa biologie, son histoire ? Ma réponse à ces questions est toujours le bâtiment terminé : bois de construction brut, huile de goudron, vis et boulons, métal ondulé, revêtement industriel noir – voilà le vocabulaire avec lequel je parle dans le projet de Sauda. Et dans chaque lieu, je veux parler le langage architectural qui appartient à ce lieu et résonne avec sa temporalité.

ML « La mémoire culturelle touche quelque chose dans l'homme de plus ancien et de plus durable que sa présence immédiate, quelque chose qui l'émeut parce qu'il rencontre en elle son alter ego immortel », écrivait Sibyl Moholy-Nagy, qui a été ton professeur au Pratt Institute de New York dans les années 1960. Cette phrase est tirée d'un texte rédigé en 1961, dans lequel elle discutait les nouvelles conceptions de Paul Rudolph et d'autres architectes « affamés de continuité », qui, selon son diagnostic, suffoquaient sous leur enseignement moderniste et avaient des « histoires d'amour illicites » avec l'histoire. Intitulé « The Future of the Past » (Le futur du passé), son essai faisait allusion à celui de T. S. Eliot datant de 1919 « Tradition and the Individual Talent » (La tradition et le talent individuel), deux décennies avant que

« The Presence of the Past » (La présence du passé) soit prise en otage par le postmodernisme à Venise en 1980. Le texte de T. S. Eliot sur la tradition, le temps et l'art est toujours actuel et peut être cité ici assez longuement, car je crois qu'il résonne avec la façon dont tu conçois l'architecture et l'histoire. On ne peut hériter de la tradition, disait Eliot, on ne peut seulement l'obtenir que par un grand effort :

« Elle [la tradition] suppose, d'abord, le sens historique, qui, on peut le dire, est à peu près indispensable à qui veut rester poète après ses vingt-cinq ans ; et le sens historique implique la perception, non seulement du caractère passé du passé, mais de son caractère présent ; le sens historique oblige un homme à écrire non seulement avec sa propre génération dans les fibres de son être, mais avec le sentiment que toute la littérature européenne depuis Homère, et, englobée en elle, toute la littérature de son pays, coexistent en une durée unique et composent un ordre unique. Ce sens historique, qui perçoit aussi bien ce qui échappe au temps que ce qui lui appartient, et perçoit les deux choses à la fois, c'est ce qui rend un écrivain traditionnel. Et c'est en même temps ce qui donne à un écrivain la conscience la plus aiguë de sa place dans le temps, de sa propre contemporanéité[18]. »

PZ Merci, Mari, de me rappeler Sibyl Moholy-Nagy. Je me souviens que lorsque j'étudiais à Pratt, elle se plaignait dans ses cours des architectes modernes qui ne tenaient pas compte de l'histoire et j'avais l'impression qu'elle connaissait la plupart d'entre eux personnellement. Mais comme j'étais sous l'influence des idées du mouvement moderne, je n'étais pas prêt à écouter ce qu'elle disait. Elle savait alors ce que je ne sais qu'aujourd'hui.

Notes

1 Vladimir Nabokov, *Autres rivages. Autobiographie,* Yvonne Davet (trad.), Gallimard, Paris, 1989, p. 177.
2 Stendhal, *De l'amour,* Editions Garnier Frères, Paris, 1972, p. 8.
3 Johann Peter Hebel, « Retrouvailles inespérées », in : *idem, Histoires d'almanach,* René Radrizzani (trad.), [Collection romantique n° 31], José Corti, Paris, 1991, p. 81-83.
4 *Ibid.,* p. 82.
5 NDT : en français dans le texte.
6 Josef Albers, *L'interaction des couleurs,* Claude Gilbert (trad.), Hachette Littérature, Vanves, 1974, p. 111-112. NDT : Le traducteur de l'édition française précise en note : « Le texte américain utilise les mots *factual* et *actual,* dont les multiples significations (réel, positif, effectif, pour *factual*, réel, véritable, positif, mais également actuel, présent pour *actual*) rendent impossible l'emploi d'un seul couple français. Le contexte donnant une image claire de la pensée de l'auteur, nous nous sommes résolus à l'emploi d'un néologisme factuel et à celui de l'adjectif actuel dans une acceptation un peu différente de l'usage courant. » (p. 111)
7 *Ibid.,* p. 111-112.
8 Stendhal, *Rome, Naples et Florence* (1826), *in : idem, Voyages en Italie,* Bibliothèque de la Pléiade, Gallimard, Paris, 1973, p. 535.
9 NDT : en français dans le texte.
10 Paul Rudolph, *The Essence of Architecture Is Space* (1969), réimprimé *in : idem, Writings on Architecture,* Yale School of Architecture, New Haven, CT, 2009, p. 102.
11 Ces textes sont publiés dans une brochure disponible en norvégien, anglais, allemand et finlandais. Plus d'informations (en anglais) sur www.livhelenewillumsen.no.
12 George Kubler, *Formes du temps,* Yana Kornel et Caraole Nagga (trad.), Éditions Champ libre, Paris, 1973, p. 34.
13 Neil MacGregor, *Une histoire du monde en 100 objets du British Museum,* Lydie Echasseriaud (trad.), Musée des Beaux-Arts de Valenciennes (éd.), Éditions Snoeck, Cologne, 2018.
14 NDT : en français dans le texte original.
15 Mircea Eliade, *Das Heilige und das Profane* (1957), réédité en français en 1965 : *Le sacré et le profane,* Gallimard, Paris, 1994.
16 Marcel Proust, *Du côté de chez Swann, in : À la recherche du temps perdu,* tome 1, Bibliothèque de la Pléiade, Gallimard, Paris, 1987, p. 167.
17 *Ibid.,* p. 168.
18 T. S. Eliot, *La tradition et le talent individuel, in : idem, Essais choisis,* Henri Fluchere (trad.), Éditions du Seuil, Paris, 1950, p. 28-29.

Dimitris Pikionis

L'architecte grec Dimitris Pikionis (1887-1968) a suivi une formation d'ingénieur civil avant d'étudier à l'École des Beaux-Arts de Paris et a privilégié le béton et les pierres locales pour les bâtiments qu'il a réalisés en Grèce. Lorsque je regarde son œuvre, je sens que les idées du mouvement moderne classique de son époque lui sont familières, mais je sens aussi qu'il travaille en partant de ses origines. Pour le pavage des chemins sur l'Acropole, il a utilisé des pierres trouvées dans les ruines d'anciens bâtiments de la ville. Les chemins photographiés par Hélène Binet sont donc liés d'une manière particulière à l'histoire du lieu. J'aime imaginer que Pikionis a lui-même aidé à poser le pavage des chemins.

Peter Zumthor

Peter Zumthor

L'architecte Peter Zumthor travaille avec une équipe d'environ 30 personnes dans son atelier à Haldenstein, dans les Alpes suisses. Il est l'auteur d'œuvres architecturales d'une grande originalité comme la Kunsthaus Bregenz, les thermes de Vals, le Kolumba Kunstmuseum à Cologne ou le Mémorial de Steilneset en Norvège.

Mari Lending

Mari Lending est professeur d'histoire de l'architecture à la Oslo School of Architecture and Design. Dernier ouvrage paru : *Plaster Monuments. Architecture and the Power of Reproduction* (Princeton University Press, 2017)

Hélène Binet

Hélène Binet est photographe d'architecture et de paysage indépendante, basée à Londres. Elle a collaboré avec des architectes renommés tels que Daniel Libeskind, Zaha Hadid et Peter Zumthor. Sa monographie *Composing Space* a été publiée en 2012 (Phaidon).

Le texte se base sur plusieurs entretiens entre Peter Zumthor et Mari Lending qui ont eu lieu à différentes occasions entre septembre 2014 et août 2017.

Remerciements
Peter Zumthor et Mari Lending remercient Monique Zumbrunn d'avoir si bien accompagné et encadré ce projet de livre. Un grand merci de la part d'Hélène Binet à Dirk Lellau pour le soin avec lequel il a traité ses photos.

Photographies : Hélène Binet, « Collection », 1989, essai photographique sur le « Landscape of the Athens Acropolis » de Dimitris Pikionis
Traduction : Yves Rosset, Berlin, en collaboration avec
Catherine Dumont d'Ayot, Zurich
Relecture : Martine Passelaigue, Paris
Graphisme : Sarah Winter, Hambourg
Traitement des images : Dirk Lellau, Cologne
Lithographie, impression et reliure : DZA Druckerei zu Altenburg GmbH, Thuringe

© 2018 Verlag Scheidegger & Spiess AG, Zurich

© pour les textes : les auteurs
© pour les images : Hélène Binet, Londres

Verlag Scheidegger & Spiess
Niederdorfstrasse 54
8001 Zurich
Suisse
www.scheidegger-spiess.ch

La maison d'édition Scheidegger & Spiess bénéficie d'un soutien structurel de l'Office fédéral de la culture pour les années 2016-2020.

Tous droits réservés. Aucune partie de cet ouvrage ne peut être reproduite, modifiée, ou diffusée sous quelque forme que ce soit sans l'autorisation écrite préalable de l'éditeur.

Édition française
ISBN 978-3-85881-812-6

Édition allemande
ISBN 978-3-85881-558-3

Édition anglaise
ISBN 978-3-85881-805-8